verso entre virilhas

verso entre virilhas

Saulo Pessato

a cópula

Depois de lhe beijar meticulosamente
o cu, que é uma pimenta, a boceta, que é um doce,
o moço exibe à moça a bagagem que trouxe:
colhões e membro, um membro enorme e turgescente.

Ela toma-o na boca e morde-o. Incontinênti,
não pode ele conter-se, e, de um jacto, esporrou-se.
Não desarmou porém. Antes, mais rijo, alteou-se
e fodeu-a. Ela geme, ela peida, ela sente

que vai morrer: – "Eu morro! Ai, não queres que eu morra?!"
Grita para o rapaz que, aceso como um diabo,
arde em cio e tesão na amorosa gangorra

e titilando-a nos mamilos e no rabo
(que depois irá ter sua ração de porra),
lhe enfia cona adentro o mangalho até o cabo.

Manuel Bandeira

piscadelas, picardias e pura poesia

Marcelo Müller

Conheci a obra poética de Saulo Pessato via redes sociais. Recebi de um aluno um poema-pílula que me atiçou a curiosidade e entrei na página desse jovem poeta. Ali fiquei mais de uma hora, dando boas risadas com suas sacadas linguísticas e desfrutando de seus textos poéticos. Senti a obrigação de divulgar sua obra e iniciei uma campanha para que sua página atingisse um número x de seguidores.

Saulo é poeta, e dos bons. Neste livro, arrisca-se numa temática que é muito presente na poética lusófona: o erotismo e a picardia. E o faz sem filtros e sem medo, mas com certo tato, como se observa na "Carta do Autor", em que faz uma espécie de *mea culpa* por ter consciência de que pode gerar polêmica em tempos de patrulhamento ideológico e estético. Com tanta censura prévia a que se tende atualmente, é um ato corajoso poetizar desejo carnal e tabus.

A poesia fescenina e erótica, muitas vezes, é considerada uma poesia menor, entretanto, foi praticada por poetas de renome (como comprova o poema surpreendente de Manuel Bandeira que serve de epígrafe) e é um legado de uma larga tradição poética lusófona. Saulo dialoga com uma herança que já se apresentava no início de nossa literatura. Como não se recordar das cantigas medievais trovadorescas de escárnio e maldizer? Como exemplo, recordemos esse trecho de uma cantiga de Martim Soares:

Pero Rodriguiz, da vossa molher
nom creades mal que vos home diga,
ca entend'eu dela que bem vos quer,
e quem end'al disser, dirá nemiga;

e direi-vos em que lho entendi:
em outro dia, quando a fodi,
mostrou-xi-mi muito por voss'amiga [...]

Tempos depois, Camões, em sua obra épica *Os Lusíadas*, no episódio da Ilha dos Amores, nos presenteia com uma cena de alta voltagem erótica, a ponto de se defender nos versos finais abaixo:

Oh, que famintos beijos na floresta,
E que mimoso choro que soava!
Que afagos tão suaves! Que ira honesta,
Que em risinhos alegres se tornava!
O que mais passam na manhã e na sesta,
Que Vénus com prazeres inflamava,
Milhor é exprimentá-lo que julgá-lo;
Mas julgue-o quem não pode exprimentá-lo.

(Canto IX, 83)

Mais tarde temos os poemas "sujos" de Bocage – arquetípica figura poética da licenciosidade –, muitos cuja autoria renegou, ou, ainda, os poemas priápicos de nosso Boca do Inferno. Veja o exemplo a seguir.

Esse disforme e rígido porraz
Do semblante me faz perder a cor;
E assombrado d'espanto e de terror
Dar mais de cinco passos para trás:

A espada do membrudo Ferrabrás
Decerto não metia mais horror:

Esse membro é capaz até de pôr
A amotinada Europa toda em paz:

Creio que nas fodais recreações
Não te hão de a rija máquina sofrer
Os mais corridos, sórdidos cações:

De Vênus não desfrutas o prazer:
Que esse monstro, que alojas nos calções,
É porra para mostrar, não de foder.

(Bocage)

Castro Alves, no poema "Adormecida", tampouco foge ao tema.

[...]
E o ramo ora chegava ora afastava-se...
Mas quando a via despeitada a meio,
P'ra não zangá-la... sacudia alegre
Uma chuva de pétalas no seio...
[...]

Exemplo mais recentes são os poemas de temática homoerótica de Roberto Piva ou de Glauco Mattoso, com sua afamada podolatria. Há ainda toda a poesia erótica de Hilda Hilst, e mesmo Manoel de Barros não se furtou a tornar poético o apelo carnal.

Todos os citados, cada um a seu modo e com as marcas de seu tempo, buscaram verbalizar o sexo e os tabus sexuais de seus tempos levando seus leitores à reflexão a partir de suas cosmovisões. Pessato também.

Sim. A poesia "libertina" pode nos levar a repensar o mundo ao nosso redor. Reputados como um gênero inferior, o grotesco e o licencioso podem despertar uma atitude crítica perante o mundo. É notório que a discussão sobre gênero e identidades sexuais está na ordem do dia. Sem falarmos no sexo virtual e no, por vezes, opressor imperativo "Manda nudes!".

O sujeito poético de Pessato busca transitar para além daquilo que parece ser o mais confortável para o poeta: há poemas de temática transexual, homoerótica.

translírico

Superei minha transfobia
quando percebi que, na poesia,
quero ser homem e ser mulher.

É interessante ver um homem fragilizado diante da nova mulher empoderada, uma "Teresa" que o comeu e "nunca mais ligou". A tempo: a discussão sobre "lugar de fala" não faz muito sentido quando se discute poesia, visto que o eu lírico pode ser quem quiser.

Pode haver certo desconforto para algumas manas ao ouvir um eu lírico tipicamente masculino ou para alguém que não goste de como ocorre a primeira conjunção carnal de um rapaz gay. *Take it easy*! As possibilidades e a amplitude dos desejos sexuais vão além de teorizações e debates acadêmicos. Judith Butler e outros teóricos são fundamentais como estofo cognitivo, mas na "hora h" muitas teorias não têm funcionalidade prática. E quem não entender isso entende pouco da psiquê humana quando nos referimos a sexo. Mas aí é com os terapeutas.

Saulo excede, sim, os limites do decoro em muitos textos de seu poemário, mas o leitor de um livro de poesia erótica não crê estar diante de um missal. Por vezes, cai na tentação de flertar com os leitores: é tudo criação artística ou são experiências pessoais (Quem será a moça da coruja no tornozelo? Quem é a mulher das sardas?)

Mas tudo o que foi dito até aqui serve para polemizar, para alçar o livro aos *trending topics* e aumentar sua vendagem. Isso é pouco, isso é acessório.

O que importa é que o leitor dessa obra está diante de um poeta de qualidade. Saulo demonstra vasta formação cultural e excelente domínio da linguagem. Os poemas em que brinca com a gramática ("Amar: verbo transitivo") e suas possibilidades comprovam que é um apaixonado pela língua portuguesa. Muitos poemas são sinestésicos e o leitor se torna um cúmplice voyeur, como em "Surdez de Coxas".

Há inúmeras referências intertextuais que remetem a Mário de Andrade, Bandeira, Camões, Bocage, Augusto dos Anjos, entre outros. O leitor portador de estofo literário perceberá as homenagens e piscadas literatas de Saulo.

Marca de sua contemporaneidade, Pessato faz uma certa concessão ao *modus vivendi* do Instagram e de afins, logo o leitor encontrará muitos poemas-minutos que dialogam com essa prática de textos rápidos tão ao gosto dos leitores hodiernos. São, neste caso, quase memes poéticos e, muitas vezes, ali não se encontrará o grande poeta que ele é. Ali está quase um publicitário, um autor de bons trocadilhos. Mas ok. Também nesses textos rápidos se percebe a busca pelas novas possibilidades da palavra, que é o mote de um bom poeta. Honrando o tema do livro, o leitor pode dar uma *brochada* diante de alguns poemas à la Facebook. Mas logo em seguida retomará o ímpeto de leitura para se deparar com imagens sinestésicas e belíssimas e com poemas de excelência como "Curta-Metragem", "Lábios sem Batom" ou "Mansões Bonitas".

No primeiro, o poeta faz aquilo que se espera de uma obra poética: a busca de um diálogo entre forma e conteúdo. Nada melhor que recorrer à métrica e à rigidez formal de um soneto para escrever sobre um encontro de um jovem casal em tempos em que havia a supervisão atenta e física de um "pai sisudo".

Em "Lábios sem Batom", a liberdade e improvisações jazzísticas do enunciado saltam para a métrica do poema em que ora se respeita a elisão na contagem das sílabas, ora não.

Em "Mansões Bonitas" ou, ainda, "Ménage à trois", relembramos e somos levados a refletir sobre todo o peso das tradições judaico-cristãs e suas consequências castradoras não presentes em outras civilizações.

Há oitavas-rimas, há poemas concretos com sua ejaculação em reticências (um achado), ou um T maiúsculo sugestivo em "Sexting". Enfim, um escritor que se exercita, logo *in process*, que é o que se espera de um artista.

Abandone-se como um/uma voyeur por essa poesia sensual e arrebatadora, ora com pegadas mais hard ("Barba Molhada"), ora com pitadas brejeiras ("Função Oral"), como deve ser uma vida sexual saudável: com boas variações criativas, entre "Doce ou Travessuras". Na mão de uma pessoa rasa, todo esse material poderia ter resultado em pura cafajestagem. Na mão de Saulo Pessato, tornou-se poesia, paixão pela língua portuguesa e pela arte.

Sumário

carta do autor

a metáfora proibida

Expressões como "vá se danar", "vá para o inferno" ou "para o diabo que te carregue" já foram consideradas ofensas gravíssimas em sociedades menos seculares, mas, por motivos óbvios, perderam a sua eficácia ofensiva. Entretanto, como o baixo calão é uma espécie de roupa de baixo de toda uma indumentária linguística, que evolui, moderniza-se (no sentido mais íntimo da palavra "moda"), ele evoluiu também, e atualmente as ofensas religiosas relacionadas ao coisa-ruim cederam lugar à eterna escatologia e, num nível mais elevado de ofensa, às metáforas para nomear elementos relacionados à sexualidade. E os palavrões são exata e simplesmente isso: metáforas para as coisas consideradas tabus em uma sociedade, como os líquidos e massas que excretamos (ou ejaculamos), e para tudo que se relaciona à sexualidade (também sacralizada e proibida por influências religiosas, especialmente as judaico-cristãs e islâmicas).

Mas, afinal, por que palavrões ofendem tanto? E se eles se constroem essencialmente numa figura de linguagem, a metáfora, por que ofendem ainda mais quando utilizados na poesia? A poesia está isenta de falar de tabu? Qual o propósito de uma poesia quando nasce ofensiva?

É certo que existem pessoas que parecem não saber se comunicar sem fazer uso do palavrão e todo excesso é desgastante, mas um bom palavrão, mesmo em forma de catarse, como disse o humorista, *liberta, desestressa e coloca a gente no eixo*. Acontece que nada parece ofender mais as pessoas de linguajar de saias até o joelho que um "pedaço de madeira" ou "um cesto de mastro de navio" ou uma "caixinha redonda oblonga" quando metaforizam genitálias. Para elas, usar esses termos é como entrar na igreja de sutiã e calcinha ou despir o Papa em plena Basílica de São Pedro. Poeticamente, então, nem se fala! Nem parece que a escatologia, a podridão e os aparelhos reprodutores, proibidos ou não, metaforizados ou não, estão em todos os lugares humanos, inclusive sob as vestes do sagrado, circulando pelos intestinos ou causando ereções, lubrificações, gases e cólicas mesmo às pessoas que rezam prostradas de joelhos dobrados.

Assim como o palavrão, um dia a poesia existiu apenas em função de divindades, mas felizmente isso é passado. Hoje ela passa o dia de cueca ou de calcinha, ainda que esteja frio, e de vez em quando entra nos templos e despe um fiel, um pastor e até uma divindade, quando não defeca na sacristia. Para a poesia, presente em todas as emoções, sensações e relações humanas, não existe o sagrado, não há *hors concours*. Por isso, o palavrão provoca exatamente aquilo que pretende provocar. O sagrado proíbe. E a poesia potencializa.

introdução

dedicatória

Ao primeiro artista
que com verso e rima
as roupas de baixo
tirou de cima.

Ao primeiro músico
que notas musicais
escreveu na partitura
ao tocar órgãos genitais.

Ao primeiro estatuário
que moldou o pau de Zeus
e um amante imaginário
sem querer à esposa deu.

erótica

A poesia erótica perdeu o medo.
Chupou tudo,
só não chupou o dedo.

erógena

A mente é pra ter
um alfabeto inteiro
de pontos G

gente gostosa

A gente gostosa pede-se *nude*.
A gente gostosa de conversar
pede-se um texto com que se identifica
e horas intrigada a gente fica
com as entrelinhas desnudadas
pornografadas...

provocação

Faz bem provocar.
Foder com o psicológico pode ser
excelente preliminar.

olhos nus

Ela gosta de tirar a roupa
para pessoas que não tiram
conclusões.

sobre mim

você
sobre
mim

liberta

Nua, observo
da fresta da janela
do meu banho
a imoralidade
das pessoas vestidas
caminhando pelas ruas.

Invisível,
inalcançável,
inassediável,
liberta.

pervertida

Chamam-me pervertida
pelo fato de me querer permitida.
Permito-me viver, permito-me gozar
e recusar terceiras tentativas
fracassadas de quem não mo faz.
Permito-me olhar
por sobre uma taça de vinho,
um copo de cerveja
ou tela de celular
e escolher quem será
meu dono ou meu escravo
e criar a prece que faço
enquanto o castigo ou lhe peço perdão
ajoelhada na cama onde sobre seu rosto
me esfrego
pervertida
permitida...

resoluta

sua
sem ser
sexy   vulgar
sem ser
sua

flying showgirl

Só se sinta seduzido se assim eu o desejar.
não
ache
não
toque
não
fale
não
ouse
não
julgue
não
passe
não
pense.
Nada tem a ver com seu mastro
meus rastros de voo no pole dance.

posições

Às vezes, é preciso
mudar de posição
para dormir melhor,
gozar melhor
e entender melhor
o outro.

lista de desejos

Quero alguém
que me deixe pasmo
e me faça tremer
do sorriso ao orgasmo.

translírico

Superei minha transfobia
quando percebi que, na poesia,
quero ser homem e ser mulher.

mansões bonitas

Pelos genitais, escreverei...
Os tais dos pelos genitais,
estes arbustos que o criador plantou
como se escondesse duas casas rústicas feias
feitas sem o reconhecimento
do arquiteto das macieiras.
Mas quando a mulher,
primeira arquiteta e jardineira,
dividiu a maçã e mostrou ao homem
a beleza da fruta e do caule e da sementeira,
as casas foram reconhecidas
como belas obras arquitetônicas
e os arbustos passaram a ser
uma opção pessoal de poda
e de foda.

por qualquer posição

Pernas e mãos por sobre os ombros do macho,
acho tão bom que ela tenha essa destreza
forma-se um V, ele em pé faz um encaixo
como um veludo nela em cima da mesa.

Não que ela se canse, mas as pernas enlaçadas
ao redor da cintura dele o puxam mais para dentro,
O Cadeado bem fechado, ela segura as estocadas
e a mesa move e geme, acompanha o movimento.

Vão para o chão, ele as pernas cruzadas
serve de assento para ela de avanço
rebolar sobre ele, mão na nuca, arreganhada,
beijos nos seios, Cavalo de Balanço.

Entremeados, ela esquiva-se para trás,
abraço de pernas nos troncos se avizinha,
o pau atolado já se sente ente da casa
diferente de um dedo que ainda toca a campainha.

De costas no chão, a cintura emparelha
na ponta dos pezinhos se ela empina a bocetinha,
rebolou-se por debaixo, que um bom motivo tinha
pra deixar só um pouquinho as espáduas vermelhas.

De pé, ele a levanta, União Suspensa pelo membro,
cada passo uma estocada, que na cama é mais gostoso,
entre pernas dobradas ele a penetra, solta o peso,
ela segura suas costas, e ele, o gozo.

Laçada, Charrete, de quatro, Frango Assado,
que posição com tal tesão não se desfruta?
Ela cavalga em seu cavalo dedicado
em tantas páginas de um livro Kama Sutra.

invocação

E vós, taradas ninfas, têm criado
em mim na internet algum engenho
por inspirar-me em bardos celebrados,
versos em cujos moldes eu me empenho
ainda que estejamos separados
por tempos e histórias que eu não tenho,
e eu saiba que nenhum deles desfrute
da experiência atual chamada *nude*,

dai-me às vistas a foto indecorosa
sem sorrisos modestos de donzela,
que os lábios da boceta corajosa
sorrirão na poesia em nome dela
e estilos variados de quem goza
nos seios literários (e se mela)
se espalharão num corpo que interage
com as damas de Camões e de Bocage.

minimalista

Poucas linhas
Verso você
Sutiã e calcinha.

ponto vital

Se a vida é curta,
então use os dedos, a língua,
a poesia que se declama
na cama de bruços ao pé do ouvido
no prazer que se proporciona
apesar do tamanho.

química

Quando te via
– que coisa louca!
mal percebia...
e ambos sem roupa.

o corpo

foto sensual

Fenômeno de luz em prisão,
és foto, apenas foto, mais nada!
Caráter algum não traduzes,
não contas história de vida,
não és acordo trato contrato
álibi termo ou declaração.
De pouca roupa ou pudores,
o que puderes querer registrada,
liberta-te dessas dores! És foto!
Nenhum fato, apenas foto
e mais nada...

versinhos sem vergonha e sem roupa

Tanta gente com vergonha
do próprio corpo
por causa de gente sem vergonha
da própria língua.

padrão

Embora a revista de moda dissesse
que seu corpo estava fora do padrão de beleza,
ela era uma mulher muito sexy
e não havia sequer uma vez
que ao dançar e brincar de nudez
não tirasse a roupa e brincasse
com a nudez de quem ela quisesse:
seu padrão era esse...

fora-se

Não estou
fora de forma;
estou fora
de fórmulas.

etiqueta

Ela senta
de perna aberta
mesmo porque não tem saco
para etiquetas de gênero.

concerto do corpo

Se te ensinaram
que corpo é templo,
meu amor, então, viola-o!
Toca-o todo feito viola
e das notas que assim dedilhares
enquanto gemes cantarolas humanas
troca notas de vestes sacras
pela música nua, profana,
e no fim teus dedos chupa
como se fosse uma nota surda
da flauta doce, agora calada,
faz o concerto do corpo acontecer,
que a vida é curta para viver de culpa
no lugar de se dar prazer.

olhar sensual

Vez por outra você me olha desse jeito.
Dizem que há pessoas que nos desnudam com o olhar,
mas o seu é que vem assim
quase nu
como que sutilmente escondendo o que quer mostrar:
a metáfora no lápis de olho, o fitar por detrás dos cílios,
translucidamente empecilhos,
e o mistério da cor meticulosamente escolhida
na paleta de sombras para dar ao olhar
vestes que valem mais do que a própria nudez.
E não há o que contrarie
o seu olhar de lingerie.

perfume e olhar

Gosto do perfume na mulher.
E gosto do olhar.

O perfume, na extensão dos passos,
como permissão do toque sem tocar,
é a véspera do gosto da pele
nos gestos em movimento;
é o sabor do corpo, do seio, do sexo no ar.
E o olhar... ah! O olhar...
Perfume é o que passa,
olhar é o que me faz ficar.

costas

É preciso paciência com as costas,
lugar de se morar com olhos,
mãos e lábios no corpo:
costas são ponte importante,
estrada, travessia, passagem,
só quem sabe apreciar as costas
entende o que é viver em viagem.

costas nuas

Se de costas vinhas,
percorriam meus olhos, morriam
em tuas covinhas.

a contradição do palpite

Ela sempre me volta as costas,
nuas, parece que gosta
da contradição do palpite:
parte do corpo sugere partida,
parte, sugere convite.

mãos

Que seres são esses, misteriosos,
que me abrem os botões
feito portões destrancados?
Furtivos e indecorosos,
se antes se escondem em bolsos
e em ofícios de garrafas e taças,
ouvem conversas, roubam segredos,
e, na hora dos silêncios, intimidade,
fazem agora meu corpo prisioneiro
de todas as suas minhas vontades.

aracnofilia

Com passos de aranha,
tuas mãos se embrenham
meu corpo ganham...

orelha

Na textura da orelha
a língua traga o lóbulo,
lambe o antítrago, o trago,
causa um estrago,
penetra a antélice, a concha,
o acústico meato e, no ato,
arrepios evitam disfarces.
Na textura da orelha
a língua aconselha molhar-se
ao estirar-se em gestos compridos...
A vagina dá ouvidos.

recado

Telefonistas do ouvido, os ossículos
batem o martelo na bigorna,
despertam os tímpanos
para passar o recado
enviado de tua voz
aos meus testículos.

clímax

Três bocas
Tresloucas
Dois ventres
Dormentes
Um beijo
Umbigo

aos teus pés

Não tenho fetiche por eles,
mas há pés que merecem um beijinho,
um momento, os olhos fechados,
como quem paga o pedágio
ao passar por aquele estágio
delicado do desnude;
outros merecem uma tarde
assim beijando-os, massageando-os,
como alguém que da vida
completamente se esqueceu.
Nos teus, já anoiteceu...

seios

Degustar é tocar sua textura,
palpar-lhe a doce essência que dura
na ponta dos dedos, na língua que chupa,
uva à úvula, sem culpa.
Fruto maduro de manter ao pé,
pêssego delicado, melão suculento,
mamão papaia de mulher.

brilho nos olhos

Seios perfeitos
entre eles um colar,
meu olhar não descola.

só para eles

Teus seios merecem uma noite
e dois versos só para eles.

sacada

Moça, o bom de ser pensionista
e morar no seu coração
é a vista.

receita

Esses teus seios
são o remédio
que estimula
a minha gula.
Vide bula!

laço em decote

teus presentes
que mais me agradam
sei-os bem

dueto

Sutiã diferente:
dos que abrem pela frente...
Cortina de teatro,
em dueto um espetáculo;
e a plateia acena
para os artistas no palco.

se for para mandar fotos nuas

Se for para mandar fotos nuas
suas, mande dos seios.
Há um nudismo que não é nudez,
que não é mudez, mas diz tanto
na forma de seios
e, entretanto, nunca diz tudo.
É um olhar sem olhos.
É sexy sem sexo.
É segredo sem enredo
revelado como o aroma
que vem pelo correio
na forma de carta
e enche de textos e cheiros o meu quarto
no momento em que eu a leio.
Se for para mandar cartas,
passe perfume nas mãos;
se for para mandar fotos nuas
suas, mande dos seios.

essa boca

E essa boca grande
que se confunde em lábios
e me beija ainda?
Não come, mas saliva;
não fala, mas quer língua...

boceta

água na boca e garganta:
sobremesa de chupar
antes da janta.

satyagraha

A primeira vez que despi uma boceta,
estava nervoso com o compromisso do dar certo
muito embora fosse eu quem comeria;
macho tem dessas preocupações,
ansiedade estimulada nos bordões
de filmes pornográficos estrelados
por aqueles performáticos campeões
medievais de torneios de cavalaria
com longas e tesas lanças espetadas
em maravilhosas bocas de dragões.
A primeira vez que despi uma boceta,
achei-a tão calma, pacífica, inofensiva,
parecia com um sorriso que dormia
à espera de um toque que motiva
o despertar de um dia habitual.
Doravante saberia que a boceta deveria
ser, para sempre, um calmante natural.

nosce te ipsam

A primeira vez
que despi uma boceta
que não era a minha,
eu também sorria
e ela também me despia.

finda reza

Desço tuas vestes
e dou com teus lábios espalmados
como se fizessem preces
prestes a encerrar.

lua-de-mel

Foi na folga do duro ofício
que o orifício anal conheceu o amor:
se serviu de anel ao pedido do dedo,
a lua-de-mel logo teve início
pouco tempo depois de um beijo grego.

refresco

De fora da orgia,
o cu, esse cagão,
de olho na farra vivia
sempre a dar opinião.
Um dia, à luz piscou
e o cu entrou na brincadeira.
Silêncio na festa de Baco...

E nem um pio
jamais se ouviu
desse buraco.

relatividade do pau

Tínhamos catorze anos
quando o trouxemos para fora
eu e minha namorada, pela primeira vez:
por algum motivo, eu estava orgulhoso,
a coroa da glande, o meato, o frênulo
pareciam detalhes de um troféu trêmulo
que de alguém roubávamos nós dois.
– Gostou? E ela cessou de repente a carícia,
a cara fechou feito polícia,
e me guardou com o meu mundo,
toda aquela euforia passou
em apenas um décimo de segundo.

Tínhamos catorze anos
quando o trouxemos para fora
eu e meu namorado, pela primeira vez:
de repente, a cama onde eu me sentava,
o sol na janela, o quarto trancado,
as calças soltas, o namorado,
tudo desapareceu,
éramos um universo
incomensuravelmente gigante
de absolutamente mais nada,
só o planeta Terra, o pau e eu.
De repente, uma palavra irrelevante
me tirou do transe e foi tão chocante

lembrar que outro alguém havia
àquele momento atrelado,
que acabou com toda aquela euforia
apesar de mil anos terem passado.

gozo

De repente calo
e só ele fala
o falo

nota erótica visível

(sempre)
o orgasmo masculino passa em branco ...
(nunca)

preliminares

sapiossexual

Já brochei com belezas vazias
e me excitei a ponto de orgasmo
com inteligências túrgidas.

depravados

Gostavam de se encontrar
diariamente naquele lugar
e trocar um olhar proibido.

Sem falar uma só palavra,
distantes, as mentes transavam,
faziam sexo implícito.

lábios sem batom

No bar do Centro, um grupo jovem musicista
atrai um público por quem sempre é seguido:
é um trio de jazz com violoncelo, pianista
e um trompetista de talento conhecido.

Noite de sexta e uma moça de vestido
descruza as pernas, depois cruza, calculista,
o seu olhar de sobre um drink aborrecido
com o olhar improvisado do jazzista.

Quando o pistom descobre os lábios sem batom
trocando notas sobre notas de ousadia
ouvem-se vaias no recinto um momento,

mas o talento do jazzista encontra o tom
na umidade acumulada entre as virilhas
da moça lesta e no bocal do instrumento.

nudez frutável

Meu amor,
temos pouco tempo,
vê se não atrasa,
que te quero nua,
na sua,
na minha
casa.

cálida

Essa mulher é fogo.
Toda vez que sinto frio,
ela vem... e chama!

tempo bom

Tempo bom
é te encontrar
e ficar toda
molhada.

áquila

Juras são feitas de dia,
de pernas cruzadas,
e quebradas de noite...

franqueza

Com tantas palavras cruas
faço-me nua
e tua.

nova

Lua deitada:
mordo-lhe a nuca,
me sinto crescente.

mãos sobre nudez

Gosto de como tuas mãos
de vez em quando aparecem
coladas ao teu corpo enquanto
surges em meu quarto nua.

Nesta lúbrica cena atuantes,
elas são tão protagonistas
que, de repente, excitantes,
ainda que fossem sempre
completamente nuas vistas.

eterno regalo

Toda noite,
em embalagem diferente,
me faço surpreso
quando me cegas
e nas mãos entregas
o mesmo presente.

E afora o pacote
que desembalo
até então ileso,
sou a criança
que nunca se cansa
do eterno regalo.

clima menina

Amo esse clima que se aproxima
e desata tuas pernas entre nós;
sufoca um pouco e te molha o corpo
mesmo já sem lençóis.
Amo esse clima que desatina,
treme, endurece, dura
escurece e cura saudade...
Clima tão simples, menina:
calor e umidade.

mania de mãos

Tantos silêncios deitados
e elas falam e andam;
o portão escancarado
e uma se apega à maçaneta
a outra invade castelos,
ambas certas da indecisão:
mania de mãos.

mamilo

Sacio no leito
o pico da sede
no bico do peito.

masturbação

Às vezes
me bate
uma vontade...

gemido

Pernas abertas,
pensamento fechado.
Dois dedos de Sol,
um verso de lado e,
num susto, um sustenido
é dedilhado.

caminho de banho

dois dedos
andam

e a água es-
corre.

toques

Não tenho mais qualquer medo
se curas meus males no escuro
com o Sol na ponta dos dedos.

toque

Solidão romântica.
Siriri cavalga em si.
Esfrega a lâmpada.

túnel de dedos

Um túnel de dedos
no pau se faz genital
ou cu de brinquedo.

trovão

Não venha me chover
quando eu já estiver
molhada.

greve de sexo

Dura lei que me impões,
esta norma com que me castigas
por ciúmes e suposições,
manobras políticas ativas.

Distante de quaisquer ações
que te conduzam coercitiva,
protesto, vou para a rua,
grito em vão palavras de ordem,
um palavrão, frases de efeito....

Todavia, uma vez sujeito
resignado a um regime
que me exime de tuas articulações,
apelo para a velha manobra de excesso
e a bandeira, por fim, hasteio
em cuja faixa branca leio
desordem e retrocesso
na palma da minha mão.

arrepio

Sob você não passo frio
mesmo assim
arrepio.

emanação

A chuva rabisca a manhã com desleixo,
uma xícara de café na janela eu deixo
para o cheiro quente ligeiro misturar-se
ao ar de terra molhada de manhã riscada.

Ah, se outro risco se exibe sobre a pele lisa,
ela geme na cama, espreguiça, o lençol desliza,
meu nome chama, desejos atiça que me consomem,
e aos perfumes da manhã riscada, quente e molhada
misturam-se os odores de mulher e homem.

sua

Minha alma...
Minha pele...
Sou toda sua!
E, quando me toca,
me provoca,
minha alma
minha pele
toda sua!

enclítica

Despedimo-nos.
Disse-me:
Cuide-se...
Respondi-lhe:
Beijo-te...
E ficamos nus.

doce ou travessura?

– Doce ou travessura?
disse ela e depois
tirou a calcinha no contexto
levando-me à minha boca
o maior pretexto
para, de uma só vez,
eu escolher os dois.

manda nudes

Hoje é um daqueles dias
em que sei que a moral tomaria
duas cápsulas de sumiço
e a ninguém negaria um beijo
tiraria a roupa sem pejo
transaria sem compromisso.
Por isso escrevo-te. Anda!
Venho apenas fruir estas penas,
ceder a um mero momento;
quero a imagem que sempre me mandas
do teu sexo parado na tela
à espera do nosso em movimento...

tetrato íntimo

Não quero fotos íntimas!
Quero tua intimidade
diária conquistada,
cada vez mais minha;

presente, desperta,
sentada de saia,
pernas abertas,
sem calcinha.

sexting

Ele trocava letras
e mãos
na descrição
dos atos.

Metia maiúsculas
acidentais
feito ereção
nas palavras.

Meticulosa, ela,
com a língua,
fazia vista grossa,
sexo e concretismo.

E quando ele estava
gozTando, dizia,
ela tirava o Tezão,
lia e também gozTava.

sexo oral

metalinguagem

na poesia
do sexo
a dedicatória
é oral.

curiosidade da língua

o sabor do teu corpo...

poeminha sinestésico e oral

Adoro o sabor
dos teus barulhinhos
molhados

seu lugar

Coloque-se
no seu lugar:
minha boca

leitura

te abro no meio,
lambo meu dedo e te viro,
assim, feito página de livro;
e, enquanto a leitura se agrava,
te deixo subindo pelas palavras...

via láctea

No céu
da tua boca
vi estrelas.
Via Láctea...

com a boca

Deixei cair uns beijos
na altura da tua cintura
e os peguei de joelhos.

tombo

Levei um empurrão
na trilha da tua virilha
caí em tentação.

duas avenidas

Das pistas de correr com a língua
faço das pernas compridas tuas
duas avenidas.

sorvetes caseiros

Do pau e do pé
deitados de pé
de repente a gente
faz dois picolés.

fim do horário de verão

Fim do horário de verão
e cubro de beijos
o que descubro
debaixo de um par
de meias-taças
e de meias-calças
durante um par
de meias-noites.

função oral

Para a função candidato,
não me abstenho do ato
como faz o funcionário
que mal aparece no trabalho
e apenas cumpre um horário.
Quando não dos concursados
que aparecem na repartição
só para bater o cartão e ir embora
com reclamação do erário.
Não! Ali quero ser voluntário!
Polivalente multifunção (com zelo!)
trabalho braçal e faxina,
intelectual, tradução (imagina?),
lamber envelope e colar selo,
pois que para a tarefa função
há de se ter vocação
que a ação é o próprio salário.

preliminar

Sexta-feira chega sempre
com aquele gesto urgente
e paladares.
Tem o gosto e a emoção
de quem gosta mesmo é de
preliminares...
Domingo míngua;
Sábado é foda!
Sexta-feira, língua...

dissolvida

Como poesia
dissolvo-te
na língua...

vizinhança

A boca é o endereço do beijo,
mas ele brinca na vizinhança toda:
sobe morros, esconde em becos,
toca campainhas a correr primeiro,
percorrer as ruas do seu bairro inteiro.

bailado

Gemido ocarina.
Doçura, mãos na cintura,
Língua bailarina.

linguagem

À minha maneira
provo, provoco e aprovo...
Língua arteira.

leite e manga

Se for para me lamberes
como os gatos tomam do leite
no pratinho à língua minguada
sem sequer os bigodes molhar,
por favor, poupe-nos da preliminar,
que assim não só não me excitas,
como tanto me zangas.
Quero provar das bocas meladas
que se deliciam com as mangas.

clima e sabor

Inferno gelado,
coxas cobertas
doce sabor
sorvete melado.

Verão resfriado
calcinha revela
virilha sabor
apimentado.

Toda favorita
estação está nela.
Clima (menina!)
temperado...

linguarudo

Minha língua é daqueles convidados
que entram na festa e tiram os sapatos,
vasculham as portas da frente, dos fundos,
da despensa, entram nos quartos,
experimentam a comida antes de todo mundo,
intrometem-se na escolha de qualquer canção
e dançam pelados com as namoradas dos outros
até ensopar no salão.

gritos calados

Um vento suspira, a porta abre:
Depressa! De súbito! De madrugada...
E cada passo tácito no chão
e cada rangido sentido no leito
e cada nota engolida em falsete
a toques em teclas de peito
e pernas e pélvis e pênis e atos
de língua, garganta, lábios, palatos,
são gritos calados no vão do silêncio
que expulsam, a corpos, a solidão.

tatuagem

Tatuagem
para que eu te sinta
obra de arte
lamber-te a tinta.

jogo de sardas

Sagaz, meu amor não tarda,
deseja de vez em quando
um beijo por cada sarda
e passo a vida lhe beijando.

Desperta minha atenção, chama,
de tudo que faço me desvencilha,
mas fecha os olhos e nunca reclama
se as sardas acabam na virilha.

língua passarinha

Língua passarinha:
descobre uma fresta
na sua calcinha.
Esguia, escorrega,
passa pelo vão
e você voa...

finda seca

Boca tarada por água
sacia a sede na bacia
entre seus quadris.

amazona

Vou montar pelo lado direito
sem estribos nem sela, rédea solta;
que é assim que meu corpo sacode.
Quero galopar como louca,
cavalgar no teu bigode.

rebolado

É debaixo
da minha boca
que você
dança mais solta.

como chocolate

Sê como chocolate!
Entrega-te ao que te derrete
e te lambe nos dedos
depois te engole...

barba molhada

Trêmulas pernas quando
te vejo com essa barba
molhada quase pingando
sair assim
do mar
da sauna
da pia
do banho
da piscina da casa
de veraneio
do meio da chuva
e de mim...

bebida

Um gole de chopp
para o cockpit me chupa.
Chupa até o último gole
o cocktail de leite de coco.
A batida dura uma vida
e me deixa mole.

sabor

Não há química mais ativa
que a impressão do teu tesão
em minhas papilas gustativas.

surdez de coxas

É absurdo
em vão
fazer promessas
falar comigo;

se estou surdo
em teu vão
só me interessa
o teu gemido.

linguagem feminina

Admirável língua chula
ondula por debaixo da manta,
encanta com palavras que articula;
ríspida! E não ofende...
Levanta a saia, entra, procura, sente,
seduz e fende... – Sem culpa! –
Experimenta! Lambe! Discorre! Chupa!
E traduz a vida fervente que escorre
numa língua que somente
uma outra mulher completamente
surda e muda compreende...

cachorro perdido

Caminhos farejo,
idas e vindas,
por teu corpo
como um cão.

E sempre me perco
todo em lambidas,
novo e de novo,
na mesma bifurcação.

colar

Quando a festa
do amor começar
usarei tuas pernas
como um colar.

gole de luar

Minha lua cheia
ziguezagueia
no céu de sua boca
apoteótica.
Um gole de luar
eu sei que anseia
para me declamar
poesia erótica.

banquete

Trepado na cabeceira,
de joelhos, feito um vilão,
entrego-me ao boquete,
esse banquete mamão.

A boca me suga, geme,
murmura em mim algum nome,
o membro vibra na língua
sua, idioma da fome.

Ativa aos seus movimentos,
a cintura se adianta
e come na boca a boceta,

mas, se passivo ao felácio,
carícia feita por lábios,
relaxo e sou sobremesa.

paga

Goza! Não te avexes!
Será a minha gorjeta!
Afora os lábios lambuzados,
tenho a boca seca...

humor

fingimentos

Fernando Pessoa,
conversa comigo!
Orgasmo poético
também é fingido?

parquinho de fazer gente

Começa com isto:
gangorra, balanço, porra
e... PLUFT! Eu existo.

fora do ponto

Adoro trocar carícias,
mas isso o meu amor não vê;
quer sempre ir direto ao ponto,
que nunca é o ponto G.

sapeca

princesa sapeca
no papo de beijar sapo
vira a perereca

conto de foda

A perereca só vira princesa
se o príncipe souber
lambê-la

sorriso casual

Teu sorriso fode comigo.
Quisera eu que não fosse
algo assim tão casual...

depois da raiva

o tesão

patroa

Não me venha com essa
de que hoje é primeiro de maio,
levanta, caralho,
que eu vou te dar
trabalho.

perna adequada

Sempre tive pernas finas e longas,
mas também sempre houve, creio,
alguém que por amor ou recreio,
carinhasse, esfregasse, beijasse
e até chupasse a do meio.

curta-metragem

A moça pura no sofá de casa
resiste à mão boba do namorado.
Observa firme o filme que passa,
nega pedidos e dedos tarados.

O pai, sisudo, mas já tão cansado
desiste da ronda, que a vista embaça.
Recolhe-se ao quarto, acima, trancado,
ronca o ronco que paredes trespassa.

A moça, que há muito já não se aguenta,
assombra o menino, no colo senta,
parte pra cima, oferece a munheca;

tão quente é o desejo que experimenta,
que o moço, boçal, geme, se acidenta,
e o filme acaba em melada cueca.

aula-relâmpago

Ele disse que me daria
uma verdadeira aula na cama.
Interessada na sabedoria,
matriculei-me para a lição,
vesti o uniforme do quem me dera,
mas o tal professor-sedução
que se exibia segurando o diploma
e se gabava da docência
adiantou toda a matéria,
ensinou nada e me mandou embora
com meia hora de antecedência.

acidente

Na pele tua passeio,
lábio e olfato,
por todo o corpo
de olho fechado;
tropeço no seio,
cato cavaco
e caio no fosso
do teu sovaco.

mau jeito

Meu amor
deu mau jeito
ao sentar
e quase deslocou
meu maxilar.

essa carinha

Você sempre vem com história
de que tenho essa carinha
de cachorro com fome;
de cachorro com sono...
Só para me dar de comer
até me fazer dormir.

adeus de teresa

A primeira vez que vi Teresa,
alisei suas pernas por debaixo da mesa.
E, estupidamente pálida aos toques meus,
Teresa virou os olhos, me deu... e adeus.

Quando vi Teresa de novo,
achei que teria de inventar alguma desculpa
[por não a ter procurado,
mas Teresa tinha os olhos da mulher pós-moderna,
[superior a qualquer machismo,
romântica, sim, mas adepta a certo hedonismo,
[ao sexo casual,
com viola e versos de repente,
[sextilhas galopantes, oral,
sem compromisso e sem culpa.
Teresa dá porque tem vontade, porque sente desejo,
aquele mesmo irresistível desejo
tão positivo charme masculino,
tão pejorativo alarme feminino.
Teresa tem belas pernas
[e não é nada estúpida em mostrá-las...
Pernas-anzol, engodo, arapuca, as de Teresa,
que não é presa, nem caça, mas caça!
Teresa nunca foi Iracema, nem Imaculada,
nem Virgem Maria (Nossa Senhora, nunca seria!),
[nem qualquer donzela...

Teresa não é nossa, nem de ninguém,
mas quem ela quiser será dela.

Da terceira vez, não vi mais nada.
Apenas compreendi que não fui eu quem a pegou,
foi Teresa quem comeu e nunca me ligou.

na mão

Na luta por um poema sobre mãos,
não consigo um agrado, um afago.
Por mais que ajoelhe no chão
e as peça em casamento por musas
sinto que elas só me usam
para meter-me um dedo no rabo.

estrela

O ingênuo namorado
ainda procura as estrelas
num céu inteiro nublado
na grama do sítio deitado
já completamente nu.

Responde a garota, experiente,
também totalmente pelada,
deitando-se sobre ele enviesada
pertinho do pé de bambu.

– Escuta aqui, retardado,
ver estrelas era desculpa!
Eu te chupo, tu me chupas,
com sorte, verás meu cu.

amar: verbo transitivo

Você disse que me amava,
mas amava num momento:
advérbio de tempo
e omitia o complemento.

Você disse que me amava,
mas amava num momento:
advérbio de tempo
e me usava o complemento.

Você disse que me amava...
Me amava o caralho!
Não é um problema de caráter,
mas de regência verbal.

traição na cozinha

Toda vez
que você vem
faz minha comida
predileta
eu chamo
para foder comigo
e você fode
com a minha dieta.

soneto da adolescência de bocage

Certa noite, Bocage, adolescente,
sua turma do bairro reunia
pra falar do futuro pela frente
e lembrar a infância fugidia.

O vento apaga a vela de repente
e um cenário comovente se recria:
com passado e com futuro no presente
e leva a gente a brincar de gato-mia.

Filomena no escuro bota a mão
sobre um membro e pergunta de quem é
que ela está apertando aquele pé.

E Bocage, no jogo fanfarrão,
num gemido representa seu miau
e num berro pede – larga do meu pau!

realidade virtual

Haviam feito sexo virtual.
A tela estava embaçada
e ele, como sempre,
ficou *offline* logo depois
que tudo acabou.

filtro

usava nas fotos
tanto filtro
que, quando encontrei,
não comi,
bebi.

rigidez líquida

Pinto rijo
Ereção matinal
Tesão de mijo

poesia de banheiro

Na parede do banheiro o recado
à altura de um cagado:

"solicito casais
para transa";

e, na mesma altura de bosta,
lê-se a sagaz resposta:

"solicite seus pais
para transa".

cara lavada

A expressão “de cara lavada”
foi inventada no final
de um quase flagrante
de sexo oral.

de boca aberta

Anjo dos sonhos
ou demônio dos desejos?
A boca aberta na cama
de tanto tesão
ou por tantos bocejos?

pleonasmo brochadinho

Hoje a rola
não vai rolar

musa medusa

Essa musa medusa
que posa para pintura
e usa de arquitetura
para desafiar minha literatura;
deusa de extinta beleza,
cuja destreza de sedução perdura,
se eternizo sua tristeza
na moldura entre traços e tinta,
por que deixa a brocha que pinta
tão dura?

a cópula

flagra de tinta

Versos eróticos na tua pele branca
escrevo com a força de um desejo.
Tua roupa, lasciva, num instante arrancas,
para eu ler do teu corpo o maior segredo.
Redondilhas aperto, lambo anáforas
meto metáforas sem zelo.
Entre duas rimas de uma estrofe suja
uma coruja me observa do teu tornozelo.

atração de corpos

De dia, o tesão em nós
prende-nos à luz dos lençóis.
Nos atos nus nos ata, aproxima,
e os corpos giram por baixo e por cima.

À noite, o tesão se insinua
e sempre nos cai como uma Lua.
A gravidade nos mantém, pois,
amantes durante e depois.

contradito

Contradição
é você abrir as pernas
e exatamente por isso
me prender.

pele da maçã

Ela, vinho, água, café.
Eu vinha acuado, pé descalço,
olfato ligado nos fatos
e os dentes que marcam a carne
rompem a pele da maçã.
Irrompem a manhã.

café na cama

Todo domingo amanhece doce
e aquece a cama do casal Camargo.
Por trás da bandeja repleta a surpresa
de um fruto pronto para amar cortado.
Fêmeo odor fresco de amor suplanta
o do líquido estimulante e, num instante,
tudo é lançado e jaz no colchão de homem e de mulher
e de uma fatia de melão o lençol melado.
No acordar do alvoroço, o dejejum é almoço
e o café esfria na mesinha ao lado.

sinestesia

Amor tem gosto de boca,
tem gesto de louca
e cheiro de pouca roupa;
tom de pele, calor,
palor, rubor, feição de sequestrador,
tem som bestial demoníaco,
gesto maníaco de anjo paradisíaco
em espasmo constante de reviravolta
e movimento dançante de ida e volta.

desejo repentino

Súbito, um calor
e em teu corpo penso,
as roupas tuas e o pudor dispenso
provo da polpa do que se diz fruta
desfruto do susto em que me tens intenso,
unimo-nos no compasso de cada passo do amor
e relaxamos no relaxo de um espasmo arrebatador.

rima lasciva

Perdão pela ternura
sem chama
daquela rima!

Possa a próxima
surpreender-te pela cintura,
atirar-te à cama
e jogar-se-te por cima!

anacrônico

Um relógio automático escapa-me ao pulso,
escapa o impulso e o tempo cai.
E a roupa cai. E corpo sobre corpo cai!
E quando tudo se esvai em toques de dedos,
em silêncio em falo, ânus, vagina,
boca, língua, sexo, uma tarde amortece
e o mundo sagrado sequer imagina
que num quarto numa quarta-feira
de um hotel de quinta acontece,
segundo após segundo,
um amor de primeira.

extorso

Quando chega a madrugada,
vai-se embora a sensatez,
ela se entrega por quase nada
e me chantageia com nudez;

E, se prende a luz do meu olhar
no meio das pernas da noite a meio,
minha Lua cede e convém brilhar
nas cores e forma do seu seio...

paixão porta adentro

Paixão porta afora
não se comporta:
pernas sobre pernas,
desliza a pele lisa,
vestido sobe
e tronco desce
nu
até encostar
calor com calor
seco com úmida
e equilibar
e desequilibrar.

Âmago à porta,
como se esperasse
– gosta de estar à porta;
sentir que o rosto umedece
com um pulsar
antes de provar do chão
liso,
depois, enfim, desce,
trespassa o batente
e sente até os pés molhar,

seco com úmida,
finalmente, unidos.

Paixão porta adentro.

fome à mar

Subiu em minha cama à jangada,
tirou-me a roupa ágil
e me devorou toda
com a fome de um naufrágio.

coito interrompido

O pau não chora
mas goza a vida
do lado de fora.

fases suas e faces minhas

Lua Crescente
e eu também sinto
a gravidade do momento.
Ela engatinha na cama, ronrona, range os dentes
e me chama ora onça, tigresa, leoparda, leoa no cio
lançando-me o hálito ardente o desafio
[para o sexo animal.
E em nossa cama, faço-me mil machos disputando-a,
[fazemos essa orgia
com que sempre realizo-lhe a fantasia
[de uma curra savanesca, com pelos, saliva
e espermas de tantos pênis a lhe escorrer
[por entre as pernas numa cena dantesca
que assombraria as orações de todas as igrejas,
[mas que sempre faz gozar a Lua Cheia.
Adiante, Lua Minguante.
[Companhia para uma série ou um filme na tevê após a ceia
é tudo o que deseja. Então, abro um vinho
[e um livro de versos bonitos,
colho rosas de galanteios, deixo seus ouvidos cheios
[de bens de mulher.
Da cama faço um ninho de carinhos e gentilezas,
toco seu rosto, falo de sua beleza...
Sou tudo o que ela quiser.
Lua Nova.

pintura

Se puta ou donzela,
nada sei sobre ela;
mas, na moldura de minha cama,
não se ama obra mais bela.

distração à janela

Te quero de pé à janela
cinicamente distraída
com a vista da cidade.
Cortinas e pernas sutilmente abertas,
um comentário sobre banalidades na avenida
como se não ouvisses o cinto desafivelado
e a calça que desaba pouco depois da braguilha;
como se não sentisses o puxão nos cabelos,
a mão atrevida sobre o ventre,
o toque decidido à porta, o entre,
e o homem que escorrega
na avenida encharcada
apesar do estupendo dia de sol
te deixa boquiaberta.

coreografia

Levanto tuas pernas
feito obra.
Não me apresso.
Abro-as, fecho-as
feito comércio
e o que sobra
dos giros próximos,
coordenados
ao modo dos nados
sincronizados,
é peça de arquitetura,
atrevida, lucro da vida,
se a coreografia,
cumprida do jeito
que o mundo ensina,
me leva ao fundo
da tua piscina.

de foder

Me lambe
Me chupa
Me goza
Mas não fode com minha vida
dizendo que é amor.

conquista casual

Noite ardente de quinta,
um copo de vinho usual tilinta
num de whisky estranho à mesa.

De repente, como que de surpresa
um desejo novo invade latejante,
imigrante ilegal, cruza fronteiras
arromba portas, destrói igrejas,
e funda a cidade proibida.

Beijo ardente na fila do caixa,
coxa entre coxas apertada na saia
e, antes que assim saia a calcinha,
num descompasso, por um momento,
a dança lasciva segue seus passos
para dentro de um carro no estacionamento.

E o desejo estrangeiro conquista a cidade santa,
mama no peito os seus novos direitos,
arranca o tecido da bandeira branca
e a hasteia no mastro liquefeita.

que hás mulher

Ela tem muito amor para dar,
mas também dá sem amor.

confusa

Confusa, gritou baixinho:
Me fode, amor!
Me fode com carinho...

encontrão

Não desperdices meu tempo
falando de frustrações clandestinas passadas,
que também só estou aqui pelo sexo
e o motel não inclui pernoite.
Ao menos não nos frustre o presente
com desculpas e fodas masculinas
esfarrapadas.

poda romântica

Retira desse jardim
todo o amor
e planta logo em mim
só o caule
sem qualquer flor.

nu privado

é no tête-à-tête
que a gente
se diverte

falta de ar

Dificuldade de respirar:
sobre mim seu corpo é sufoco,
é asma do beijo ao orgasmo,
é ar que faz bem me faltar.

invertida semeadura

Invertida semeadura.
Dura e divertida. Aragem saliente.
Mal lhe rego, enterro o fruto, o caule,
e vem por último a semente.

carnaz

Espanca-me
a virilhas
as ancas.

Tunda-me
a pelves
a bunda.

sexo na praia

Shhhhh...
Hmmmmm...
Aaaaah...

presa

Entre sequoias e canídeos se agiganta
uma boca selvagem, territorial,
que me prova em seus domínios como um animal
e, de curiosa investigação,
toma de súbito a ação de um chacal,
como se a frívola espinheira-santa
tornasse planta carnívora.

Víbora boca inculta de mulher metamorfa,
lambe e morde e digere se ataca,
injeta no meu sangue a peçonha órfã
que se apodera de tudo, endurece-me a carne,
incendeia à fogueira a mata,
mata o verde, ferve os sangues dos carnais,
mas libera na imensidade, agressivo,
o grito selvagem de Liberdade
de todos os seres vivos.

canção do lobo mau

Deixa o chapéu,
Chapeuzinho mulher,
e tira tudo o que resta!
O que presta nesse vestido vermelho
sangue que tinge teus lábios e me testa
reside por debaixo dele
no caminho da floresta.

Tira o chapéu,
Chapeuzinho mulher,
e deixa eu botar o que falta:
esta Lua Cheia de pele
que desliza em ti já sem véu
sobre a mata vai alta
procurar pelo teu céu.

Resisto, mas se insistem meus instintos,
solto com a Lua um uivo gemido,
tua carne tomo...

Lobo, mal ouço;
Lobo, mal vejo;
Lobo, mal sinto;
Lobo mau, como!

rapidinha

Reflexo de desejo
diante da pia do banheiro,
dois rostos se multiplicam no espelho,
orgia urgente de si mesmos;
na mão, uma escova de dentes seca,
a torneira muda, a pasta dental jaz fechada
e as nádegas, relaxadas, já lisonjeadas do pau;
no pulso, segundo os ponteiros, o atraso;
no impulso, primeiro o extravaso
e após o descaso por horários matinais,
no vai-e-vem da escovação deturpada,
cada face do espelho corre,
que o tempo outra vez governa
mesmo sabendo que o esperma
ainda escorre entre as pernas.

tabu

Tabu
de rola
não é cu

medo de raio

No meio da chuva
– tudo ensopado!
de macheza,

pintou um medo,
pintou um dedo
de surpresa.

Relaxa!
Disse a fêmea
com voz musical

usando do timbre
tantas vezes ouvido
para o sexo anal.

E o macho,
mesmo em choque,
ficou à vontade,

pediu outro dedo
e perdeu o medo
de tempestade.

assunto principal

Toda vez que ele pedia a separação,
ela separava as pernas bem devagar
e recebia seu argumento com tal fluidez
que o assunto divórcio, num instante e de vez,
tornou-se excitante preliminar.

contraforte

Naquela família,
à mulher nada acode:
normas, mantilha,
as leis do bigode.
Mas, na mente, há guerrilha
e ela, sempre que pode,
fecha os olhos e trilha
e viaja e foge;
foge do homem,
foge da filha
foge comigo
e fode!

perfidamente

Perversos, estes pensamentos
que tomam posse de meu corpo,
durante todo o ato esposo,
e te mantêm em minha mente
do sexo oral ao gozo.

noturnas – op. 9

Fim de ano: o nono. Camille tocava piano.

Era a única menina da classe que também tinha o pai falecido e não possuía um irmão. Minha mãe, com seu pavor por minha fase de adolescência (experiência própria de vida?), talvez se lembrasse do tesão que ela própria em sua época sentia e temesse que sua única filha, protegida, querida, amada, fosse prematuramente tocada por algum projeto de garanhão.

Mamãe tinha razão. E eu, muito tesão: desde a primeira vez em que me descobri menina, toquei-me. E da primeira vez que me toquei, gozei.

De então, vivia molhada muito e mesmo na escola, em casa, na sala, no quarto, de dia e de noite, tanto me tocava, que não foram poucas as vezes em que ela me flagrou.

Em época de adolescência, quando se dorme em casa de amigos, mamãe desconfiava comigo e não me deixava jamais dormir fora. Exceto na casa de Camille, que não tinha pai nem irmão.

Camille nem era minha amiga, era calada na sala, introvertida, mas foi a única a quem mamãe me deu a permissão. E eu, que queria descobrir o prazer do dormir fora de casa, aceitei a condição.

Camille tocava piano e, quando a porta do quarto fechava, voava para o meu colchão. Foi assim desde a primeira vez: eu deitada, à porta trancada, o pulo por cima sem dizer nada, meu susto em silêncio e as mãos de Camille por sob meu pijama, antes das notas perfeitas de Chopin: na mão esquerda, sequências de colcheias, arpejos simples e nossas cordas vocais tão cheias de harmonia;

na mão direita, os padrões das teclas ensaiadas beneditinamente, padrões de sete, onze, vinte notas que me prendiam na peça, padrões que me libertavam.

Fim de ano: o nono em que somos, ainda juntas, ópera... Noturnas.

nascente gay

Foi num tronco grosso
que a natureza fez
à beira do rio, moço,
minha primeira vez.

Todo dia um macho
no riacho nu nadava
e escondido no mato
eu me acariciava.

Numa tarde sem vento,
o homem saiu,
reparou o movimento,
lá das águas do rio.

E no ninho secreto
que a camuflagem sagra
o homem ereto
irrompeu-me flagra.

Encostado no ramo,
de convite aceito,
sua seiva mamo,
derramo no peito.

Mas o esfíncter tenso
de virgem nervoso
dói na ação do membro,
quase perco o gozo.

Experto o varão
bem me acaricia
com sua grossa mão,
faz o que eu fazia,

O timbre da voz gêmea
completou o carinho:
"é melhor que fêmea
o seu buraquinho".

Assim, me entreguei
para o novo ofício
e nascente gay
jorrei do orifício.

conflitos e confissões

Era tempo de escola e eu sempre ouvia de um amigo:
"O que um cara tem na cabeça para ser bicha?"
Eu só podia ter a cabeça vazia porque eu era e já sabia
e nunca havia decidido ser nada.
"Deve ser foda ser mulher, né? Ter que levar pau"
era outra de suas pérolas ainda no fundamental;
momento em que descobri que eu também queria ser foda.
No segundo grau, um assunto virou moda
quando saiu no jornal, e foi o maior tititi,
a notícia de que um professor bagunceiro
fez sua despedida de solteiro no motel com uma travesti.
E a melhor parte do acontecimento,
a que circulava pelo colégio inteiro,
foi que a transmoça não apenas invadiu casamento
para cobrar do noivo caloteiro o seu dinheiro,
mas revelou diante da igreja toda
que o autor do cheque sem fundo
deveria ter pagado uma fortuna
para que ela comesse a sua bunda
na véspera de sua boda.
Todos na escola (e provavelmente na igreja)
acharam o maior absurdo
alguém pagar uma profissional
para que ela ainda botasse bem fundo
de seu orifício anal.
Mas eu não pude deixar de sorrir,

sacana, e pensar, de verdade,
que não há no mundo bagatela
que pague a oportunidade
de sair com uma travesti
para não ser comido por ela.

banho

Súbito, ela entrou no meu banheiro.
Estremeci, mas não disse nada.
A água do chuveiro
descia descarada
e escorria por todos os seios,
os seus e os meus,
e os nossos meios;
e as nossas coxas, ensopadas,
afastavam-se à procura
de alheias mãos espalmadas
que nos alisassem safadas
e penetrassem intrusas,
com línguas absurdas,
mudos lábios e cegas nádegas
para que nada saísse de um banho,
no mundo, tão sujo quanto nós duas.

ménage à trois

Sonho de José:
a ideia, na Galileia,
Maria e Javé.

confissão de nisã

Sexta-feira
e sou nada,
nada santa...
Como carne,
sou a carne
que se come
sem paixão
por mulher,
Lucifer,
Deus ou homem...

verso entre virilhas

Verso entre virilhas por sobre a cama,
uma, duas, três imagens eu meto:
pélvis de mulheres e a língua chama
uma quarta sacana no quarteto.

Os mamilos aos pares circulando
como auréolas de anjos, demoníacas,
arrepiam com toques de contrabando
na segunda estrofe dionisíaca.

Num terceto, um segundo e um terceiro
homens emprestam seus membros viris,
com capricho, nos vãos e a rima engata

na multiplicidade de quadris
de um soneto clássico aventureiro
e, à chave de ouro, gotas de prata.

orgasmo masculino

É como se o Big Bang do meio do membro
surgisse e tudo explodisse de fora para dentro.
E quando as duas extremidades da explosão
alcançassem os limites, os testículos e a glande
e um raio cortasse o mundo da pélvis a tudo,
um branco trovão soasse no universo que expande.

clímax gozado

Parceiro engraçado
me goza duas vezes:
tem crise de riso
se atinge o orgasmo.

prazerosa

Meu amor só ri comigo. Ri e goza.
E quando sinto que já estou no caminho,
relaxo, seguro, espero, respiro
para gente rir e gozar bem juntinho.
Meu amor só ri comigo. Ri e goza.
E tem relação mais gostosa?

umedecida

molhada entre as pernas, de quatro,
encontra-se um macho;
molhada nos olhos, a dois,
encontra-se o Homem.

expectativa e lembrança

Pelado na cama
nu aguardo.
Pelada na memória
nua guardo.

lembrança gemida

Ecos cerebrais.
Refrões, mas sem as canções,
de ritmos carnais.

postura

Na cama molhada
esta contradição pondero:
quero a boceta gozada
e o falo sério.

Edição e revisão: Amanda Bruno de Mello
Diagramação: Jaison Jadson Franklin
Ilustração da capa: Libero Malavoglia
Direção de Arte: Haley Caldas
Coordenação Editorial: Lucas Maroca de Castro

Dados Internacionais de Catalogação na Publicação (CIP) de acordo com ISBD

P475v Pessato, Saulo

Verso entre virilhas / Saulo Pessato. - Belo Horizonte, MG : Crivo Editorial, 2021.

236 p. ; 13,6cm x 20,4cm.

Inclui índice.

ISBN: 978-65-89032-09-0

1. Literatura brasileira. 2. Poesia. I. Título.

2021-280 CDD 869.1
CDU 821.134.3(81)-1

Elaborado por Odilio Hilario Moreira Junior - CRB-8/9949

Índice para catálogo sistemático:
1. Literatura brasileira : Poesia 869.1
2. Literatura brasileira : Poesia 821.134.3(81)-1

Crivo Editorial
Rua Fernandes Tourinho, 602, sala 502
30.112-000 - Funcionários - Belo Horizonte - MG

www.crivoeditorial.com.br
contato@crivoeditorial.com.br
facebook.com/crivoeditorial
instagram.com/crivoeditorial
crivo-editorial.lojaintegrada.com.br

Este livro foi composto em Asap Condensed, Sabon LT e Mirion Pro sobre o Pólen soft 80g/m², para o miolo; e o Cartão Supremo 250g/m², para a capa. Impresso em fevereiro de 2021 para a Crivo Editorial.